カステラ

カッパ（合羽）

カルタ

コンペイトー（金平糖）

パン

ボタン（釦）

見て 読んで よくわかる！

日本語の歴史①

古代から平安時代

書きのこされた古代の日本語

著 / 倉島節尚　編 / こどもくらぶ

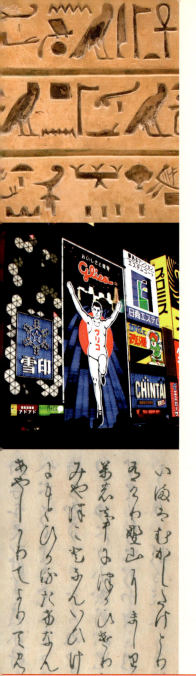

はじめに

　わたしたちは毎日、話をしたり、さまざまな文を読んだり書いたりして暮らしています。このときにつかっている言葉は、もちろん日本語です。わたしたち日本人は、日本語をつかわずに生活することはできません。でも、「日本語」をつかっているということは、あまり意識していないのではないでしょうか。

　その日本語は、どのような言語（ある国や地域でつかわれる一定のまとまりを持つ言葉をよぶ言い方）なのでしょうか。そこで、言語としての日本語の歴史を考えてみようというのが、このシリーズの目的です。

　日本語の成立にはいろいろな説がありますが、いまわたしたちがつかっている日本語のもとになった形は、およそ2000年前の弥生時代にはすでにできあがっていたのだろうと考えられています。

　それからどんな歴史をたどって、わたしたちがつかっている日本語になったのか。ここでは、それを考える前におさえておかなければならない重要なことを書きます。

　それは、日本人の祖先は、自分たちが話す言語を書きあらわすための独自の文字をつくらなかったこと。いいかえれば、日本人の祖先は、知識や文化・歴史など、あらゆることを口承（口伝え）によって伝えてきたことです。

　このため、文字がなかった（記録を書きのこせなかった）時代の日本語の姿は、いまだによくわかっていないのです。しかも、日本は島国だったため、他民族に征服されたこともなく、日本語が他民族の文字で書きあらわされることもありませんでした。

もくじ

日本人の祖先は、はるか古代から日本語を話していましたが、記録をのこす方法がなかったので、その実態はわかりません。日本語の歴史を考えることは、その後に、さまざまな形でのこされた記録を調べることからはじまります。

遠い昔の石や金属に彫りこまれた文字が、いまものこっています。その後の木や竹の札に書きのこされた文字や、紙に記された文字などが見つかっています。それらから、いつの時代に、どんな言葉がつかわれていたのか、いま、わたしたちは知ることができます。

昔の日本人がつかっていた言葉や文字はどんなものだったのか、目で見て、現代の日本語や文字とくらべてみるのは、けっこうたのしいことです。

このシリーズは、次のように4巻で構成してあります。

第1巻	「日本語が世界の言語の中でどういう存在なのか」からはじめて、古代から平安時代までの日本語の歴史をたどる。
第2巻	鎌倉時代・室町時代から江戸時代までの日本語の歴史をたどる。
第3巻	明治時代から昭和前期までの日本語のうつりかわりを紹介する。
第4巻	昭和後期から今日までのわたしたちが実際につかっている日本語の魅力や特徴を見ていく。

このシリーズを読んでくだされば、日本語がどのような歴史をたどってきた言語かということのおおよそを知ることができます。自分たちの生活になくてはならない言葉について、しっかり理解して、言語の面からも、日本人としての誇りをもっていただければうれしく思います。

倉島 節尚

倉島 節尚 先生

第一部

世界の中の日本語

① 世界の言語の歴史

人類の長い歴史の中には、数えきれないほどたくさんの言語があります。もっとも古い言語は、古代文明にさかのぼります。それらには、現在につながるものもあれば、すでに消えてしまったものもあります。

文字のはじまり

古代エジプトのヒエログリフは、紀元前3000年ごろにはつかわれていた象形文字です。神殿や墓の壁などに記された文字がのこっています。

ヒエログリフと同じころ、メソポタミアでシュメール人によって、楔形文字がシュメール語の記録のために発明され、長くつかわれました。楔形文字は、先をとがらせた葦のペンで粘土板に刻まれたと考えられています。ウル・ナンム法典[*1]は、紀元前2100年ころに粘土板に記された、現存する世界最古の法典とされています。

古代中国の紀元前17世紀ごろから紀元前11世紀まで続いた殷[*2]では、甲骨文字による記録がのこされています。甲骨文字は、亀の甲羅や牛・鹿の骨に占いの結果を刻んだ文字で、中国最古の漢字だと考えられています。

※ 1 「法典」は、法による決まりを書いたもの。これは、メソポタミア文明のウル第三王朝・初代のウル・ナンム王によってつくられた。
※ 2 殷は実在が確認されている中国最古の王朝。

↑楔形文字が刻まれた粘土板。メソポタミアで発掘された。

↑亀の甲羅に刻まれた甲骨文字（写真はレプリカ）。
（福井県生涯学習・文化財課提供）

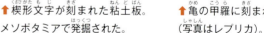

↓壁に刻まれたヒエログリフ。

言語にも「親戚」がある

　現代の世界には、いくつの言語があるでしょうか。どの範囲をひとつの言語と考えるかによっても大きくことなるので、4000以上とも7000以上ともいわれています。

　世界の言語は、「語族」とよばれるグループに分けられています。「語族」は、ひとつの言語から分かれてできたもので、兄弟や親戚のような関係にあるものだと考えればよいでしょう。

　現代ではいくつかの語族がありますが、最大のものは「インド・ヨーロッパ語族」とされています。この語族には、英語・フランス語・ドイツ語のほか、多くのヨーロッパの言語やインドの言語がふくまれています。また、親戚関係が証明されていない言語でも、ひとつにまとめてよぶ場合には、「諸語」といいます。

■おもな語族・諸語と代表的な所属言語

語族	所属言語
❶インド・ヨーロッパ語族	英語・フランス語・ドイツ語・イタリア語・チェコ語・ロシア語・スペイン語・ポルトガル語・ヒンディー語など
❷アフロ・アジア語族	アラビア語・ヘブライ語・エジプト語　など
❸ウラル語族	ハンガリー語・フィンランド語　など
❹アルタイ語族	モンゴル語・トルコ語・ウイグル語・ツングース語　など
❺シナ・チベット語族	中国語・タイ語・チベット語・ビルマ語　など
❻オーストロアジア語族	ベトナム語・カンボジア語　など
❼オーストロネシア語族	マレー語・インドネシア語・ジャワ語・タガログ語・ハワイ語・タヒチ語・トンガ語・フィジー語　など
❽アメリカ先住民諸語	北アメリカ・南アメリカの先住民たちの言語

※ 専門家により、分類や所属にことなる説もある。

日本語はどの語族に属するの？

　日本語をアルタイ諸語に分類する説をとなえている学者もいますが、まだ、学者のあいだでも決着がついていません。日本語は、どこかの言語の親戚だという証拠がいまだに見つかっていないのです。そのため、上の表のどこにもありません。

日本語は、どの語族にも属していない言語なので「孤立語」とよばれているのです。現在、スペインとフランスが接する地域にあるバスク語や、日本列島に古くからあったアイヌ語、そして、韓国・朝鮮語なども孤立語だと見られています。

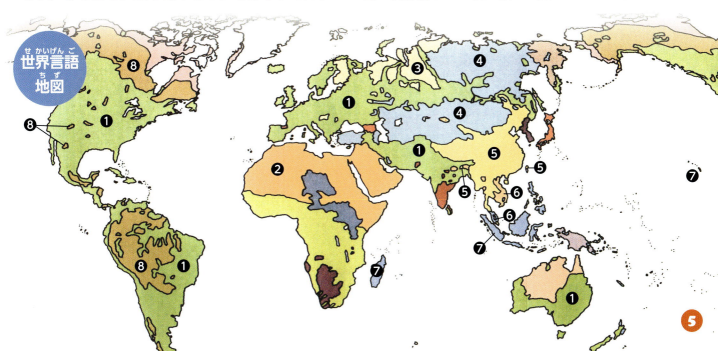

世界言語地図

② 日本語ってどんな言語？

日本語はいつごろ、どのようにしてできたのかということは、
これまで多くの専門家によっていろいろ研究されてきましたが、
くわしいことはまだよくわかっていません。

1000年以上かわらない！

　日本語は「千数百年のあいだ、日本列島という島の中で、同一の民族がつかい続け、その中で外国からの影響を受けず、独自に変化し成長してきた言語」です。

　もちろんそのあいだには多少変化しましたが、じつは、1000年以上前の日本語と現在の日本語は大部分は共通しているともいえるのです。

　それは、およそ1000年ごろにつくられた『竹取物語』（「かぐや姫」の物語）の原文（下の写真）を現代の日本人が読んでも、かなりの程度理解できることからもわかります。

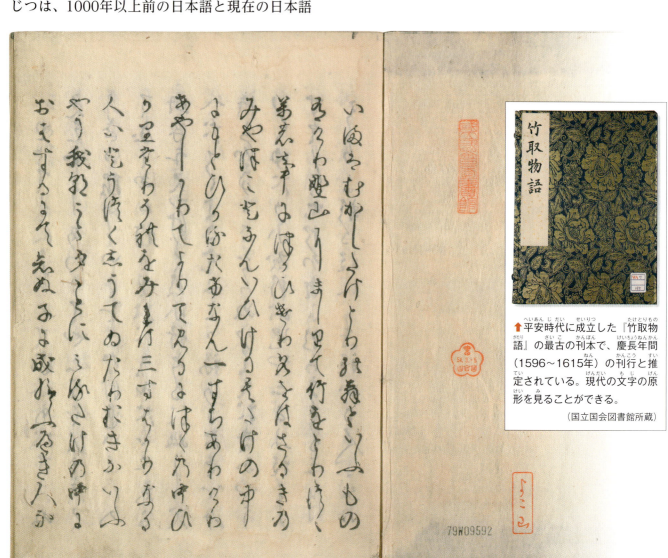

↑平安時代に成立した『竹取物語』の最古の刊本で、慶長年間（1596〜1615年）の刊行と推定されている。現代の文字の原形を見ることができる。

（国立国会図書館所蔵）

兄弟・親戚がない！

フランス語もドイツ語もイタリア語も英語と親戚関係(→P5)にあることは、18世紀にヨーロッパではじまった比較言語学という研究方法によって明らかにされました。同じ研究方法で日本語の親戚にあたる言語を探しても、現在まで見つかっていません。同じ日本列島に住むアイヌ民族のアイヌ語も、お隣の朝鮮半島や中国の言語（韓国・朝鮮語、中国語）も、日本語とはことなる言語なのです。兄弟・親戚の言語がないのも、日本語の特徴のひとつです。

ワンポイント

係り結びの発達

平安時代の文章の特徴のひとつは、係り結びという表現技法。通常の文は終止形（たとえば「けり」）で結ばれるのが普通だが、助詞の「ぞ・なむ・や・か」がつかわれると、その文の結びの言葉が連体形（「ける」）になり、助詞「こそ」がつかわれると已然形（「けれ」）で結ばれる。これは『万葉集』にも例があり、平安時代に発達したが、鎌倉時代以降はしだいに少なくなった。

下の例は左の『竹取物語』の一部である。ここには係り結びが二度用いられている。

> 名をば、さぬきのみやつことなむいひける。その竹の中に、もと光る竹なむ一筋ありける。

『竹取物語』冒頭

いまはむかし、たけとりの翁といふものありけり。
野山にまじりて竹をとりつつ、
よろづのことにつかひけり。
名をば、さぬきのみやつことなむいひける。
その竹の中に、もと光る竹なむ一すぢありける。
あやしがりて、寄りてみるに、筒の中光りたり。
それを見れば、三寸ばかりなる人、
いとうつくしうてゐたり。

現代語訳

今はもう昔のことですが、竹取の翁という人がいました。
野や山に分け入って、竹を切りとっては、
いろいろなものをつくるのにつかっていました。
(その)名前を、さぬきのみやつこといいました。
その竹の中に、根元の光る竹が一本ありました。
不思議に思って、そばに寄って見ると、(竹の)筒の中が光っています。
それを(よく)見ると、(中に、身の丈)三寸ばかりの人が、
たいへんかわいらしい様子ですわっています。

❸ 日本語ってむずかしい言語なの？

日本語は英語などの外国語とくらべると、習得しやすい言語だといわれています。なぜなら、日本語の文法や発音（音の出し方）は、英語などよりもかんたんだからです。

文法がかんたん

日本語の文法は、英語などとくらべて、かんたんだといわれています。その理由として、次のようなことがあげられます。

「犬」という言葉は、日本語では、単数でも複数でも「犬」ですが、英語のdog（犬）は文の中でのつかわれ方によってdogs、a dog、the dog

のように形が変化します。

また、フランス語やドイツ語などは、ものをあらわす言葉（名詞）には、男性名詞・女性名詞などの区別があり、文法に関係しますが、日本語は、そうした区別はありません。これも日本語がかんたんだという理由となっています。

日本語は音節が少ない

　日本語がかんたんだといわれる理由として、「音節」が少ないことがあげられます。

　音節とは、ひとまとまりの音として意識され、発音される単位のこと。それ以上細かく分けることができない最小の単位です。

　そういうとむずかしく感じるかもしれません

が、日本語では、ほぼかな1文字が1音節にあたり（「きゃ・きゅ・きょ」などはかな2文字が1音節）、音節は合計130ほどしかありません。ところが、英語の音節は3万とも8万ともいわれているのです。日本語に一番近いとされる韓国・朝鮮語でも2000ほどあります。

日本語は表記法がむずかしい！

　日本語を学んでいる外国人にとって、日本語のむずかしい点といえば、表記法（書きあらわし方）です。

　日本語の文字には、漢字・ひらがな・カタカナがあります。ときにはローマ字もつかわれます。街中の看板を見ると、日本語が4種類の文字をつかって書きあらわされていることがわかります。ひとつの言語を4種類の文字で書きあらわす国は世界でもめずらしいといわれています。

↑中国語と英語のふたつの言語がつかわれている看板（中国）。

外国人にとって日本語は比較的学びやすいけれど、読み書きはむずかしい言語だといえますね。

↑漢字・ひらがな・カタカナ・ローマ字と4種類もの文字がつかわれている看板（大阪の繁華街）。

漢字の読み方が複雑

　日本語の漢字には、音読みと訓読みがあり、ひとつの漢字にふたつあるいは3つ、ときにはそれ以上の読み方があります。その上、とくに人名や地名には、日本人でも読めない例は数えきれません。また、漢字とひらがなの組みあわせ（送りがな）も複雑です。さらに日常につかわれる常用漢字だけでなく、ふだんはつかわない漢字までふくめると、その数は膨大です。

ワンポイント

音読みと訓読みの違い

● **音読み**：中国語の発音をもとに日本語の発音にした読み方。この読み方では意味がわかりにくい。送りがなはつかない。漢字辞典では読みをカタカナであらわす。

● **訓読み**：漢字の意味と同じ日本語で読む読み方。意味がわかりやすい。送りがながつくことも多い。漢字辞典では読みをひらがなであらわす。詳しくは16ページ参照。

考えてみよう！

読み方の多い漢字

　読み方の多い漢字として「生」や「明」が知られています。また、音読み・訓読み以外に「熟字訓」というのもあります。「熟字訓」というのは、2字以上の漢字をまとめて訓読みすることです。たとえば、「昨日」「紅葉」などがあります。「山」に「やま」という日本語の読み方を当てはめたように、2字以上の漢字の語にも日本語の意味が結びついて、熟字訓ができました。これらは、人名や地名としての特別な読み方もふくめると、かなりの数の読み方があるといわれています。

　読み方の多い漢字は、どのようにつかいわけがされているのでしょうか。

生

音 …… セイ・ショウ

[音読みの熟語] 生活・生涯

訓 …… い-きる・い-かす・い-ける・う-まれる・う-む・お-う・き・なま・は-える・は-やす・＊（な-る）・（む-す）

[訓読みの例文] 100歳まで生きる。感動を生む。

明

音 …… メイ・ミョウ・（ミン）

[音読みの熟語] 明記・明年

訓 …… あ-かす・あ-かり・あか-るい・あか-るむ・あか-らむ・あき-らか・あ-ける・あ-く・あ-くる・（あ-き）

[訓読みの例文] 月が明るい。明らかなまちがい。

＊（　）内は、常用漢字音訓表では認められていない読み方。

日本語を話す人は何人いるの？

日本で生まれ育った日本人は、「母語」と「母国語」が一致しますが、
いくつもの民族がいっしょに暮らす国や、海外で生まれ育った子どもなど、
母語と母国語がことなる場合があります。そもそも、「母語」と「母国語」とは？

母語と母国語

「母語」とは、生まれたときから家族やまわりの人が話すのを聞いて、自然に身についた、はじめての言語のことです。一方、「母国語」とは、自分の国の言語のことです。日本語は母語人口が世界で9番目に多い言語です。

■世界の母語人口（上位10言語）

1	中国語	8億8500万人
2	英語	4億人
3	スペイン語	3億3200万人
4	ヒンディー語*	2億3600万人
5	アラビア語	2億人
6	ポルトガル語	1億7500万人
7	ロシア語	1億7000万人
8	ベンガル語	1億6800万人
9	日本語	1億2500万人
10	ドイツ語	1億人

＊ウルドゥー語もふくむ。　出典："The Penguin FACTFINDER"（2005）

世界に広がる日本語

近年、海外から日本にくる人が増えています。日本語を学びにくる留学生も大勢います。また、世界には日本語を学んでいる人たちもたくさんいます。現在、日本語教育をおこなっているのは、137の国と地域で、日本語学校などが1万6179あり、そこで学んでいる人は365万5000人以上もいます（国際交流基金2015年度調査結果）。

国語と公用語

「国語」とは、その国の人が自国語としてつかい、国民の共通の言葉（共通語）となっている言語です。日本で国語といえば日本語のことです。

「公用語」は、ある国や組織の中でいくつもの言語が用いられているとき、公の場でつかうことが認められている言語のことです。

■各国の公用語

・カナダ	：英語・フランス語
・ベルギー	：オランダ語・フランス語・ドイツ語
・スイス	：フランス語・ドイツ語・イタリア語・ロマンシュ語
・シンガポール	：英語・中国語・タミル語・マレー語

国際連合（国連）の公用語は、英語・フランス語・中国語・ロシア語・スペイン語・アラビア語です。また、欧州連合（EU）の公用語は、24言語あります。

考えてみよう！
外国人が日本語を学ぶ理由とは？

日本語を学ぶ人が世界中にいるのはうれしいことだけれど、日本語は、世界で通じる言葉ではありません。どうして外国人が日本語を勉強しているのでしょう。その目的はなんでしょう。みなさんはどう思いますか。

4 日本語の歴史は文字で記録されたものからはじまる

古い日本語の研究に役立つのは、日本語が記録されているものです。
記録のない時代の日本語は、調べる手がかりがあまりありません。
そのため、日本語の歴史は記録されたものからはじまるともいえます。

このころの日本は？

　3世紀くらいまで、日本列島にはいくつもの小さな国がありました。その中で力のある国が周囲の国を征服して、4世紀には奈良盆地を中心とする大きな勢力となりました。これが「大和政権」です。大和政権の支配の広がりにともない、各地の豪族をほうむるために、たくさんの大きな古墳がつくられたことから、この時代は「古墳時代」ともよばれています。

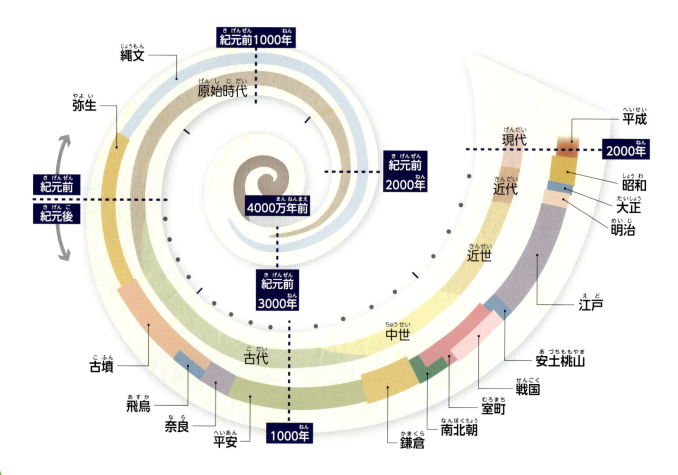

記録にのこる日本語

現在、記録にのこる日本語として、古くは石や金属に彫りこまれた記録（金石文）があります。なかには１世紀ごろのものと考えられているものもありますが、中国からもたらされたもので、中国語で書かれた断片的なものがほとんどです。

↑ 江戸時代に博多湾に浮かぶ志賀島で発見されたとされる金印（国宝）。中国語で「漢委奴國王」と彫られている。

（福岡市博物館所蔵　画像提供：福岡市博物館/DNPartcom）

漢字の伝来

漢字は４世紀ごろに、朝鮮半島の百済から渡来してきた人たちが、日本に伝えたと考えられています。それからの日本人は、漢字を受けいれたことによって言葉を文字で記録することを学んだのです。

『日本書紀』の応神天皇15年には、経典を読める阿直岐という人が日本に来て、彼が天皇の求めに応じて王仁という学者を推薦したことが記されています。また、『古事記』（→P19）には、王仁が『論語』と『千字文』を携えて来日したことが記されています。これらをそのまま歴史上の事実と考えるわけにはいきませんが、まとまった量の漢字が日本に伝えられたことは事実です。

それからは貴族の子弟などが、漢字・漢文の読み書きを学ぶようになりました。

そのころの、竹簡（竹の札）や木簡（木の札）などに書かれた記録が見つかっています。

↑ 『古事記』。現存する日本最古の歴史書。712年に成立。神代の物語から推古天皇までのできごとが書かれている。

（国立国会図書館所蔵）

↑ 『日本書紀』。720年に成立した歴史書。神代の物語から持統天皇までのできごとが書かれている。　（三嶋大社所蔵）

→ 木簡「長屋親王宮鮑大贄十編」。紙がつかわれる以前に、木片に文字などを書いたもの。

（奈良文化財研究所提供）

そもそも漢字ってなに？

漢字は、古代の中国でつくられた文字で、1字で意味と音をあらわします。
現在、世界でつかわれている文字の中で、もっとも古い文字です。
漢字の数は10万字以上もあり、現代の中国では5000〜7000字がつかわれています。

■ 漢字がつかわれる国・地域

朝鮮半島

日本

中国

ベトナム

現在は、ベトナムではローマ字が中心で漢字使用は少なくなっているよ。一方、朝鮮半島ではハングルが中心につかわれているけど、韓国では新聞の見出しなどに漢字がつかわれることがあるよ。

漢字の国ぐに

漢字は古代中国で誕生し、周辺の国に広がりました。一時期は朝鮮半島、ベトナムでも、それぞれの言語を書きあらわすのに用いられていました。ところが、現在では中国と日本以外ではほとんど使用しなくなりました。また、現在、中国でも日本でも、ものすごくたくさんある漢字の通常に使用する範囲を制限したり、字体を簡略にしたりすることなどがおこなわれています。

ワンポイント
和語と漢語

和語ははるか昔からつかわれてきた日本語固有の単語のこと。漢語は元来、中国の漢民族の言語のことをさしていた。現在では、中国から伝わり日本語として定着した漢字の音で読む単語を「漢語」というようになった。和語に漢字を当てて、それを音で読むようになった「大根」「出張」などの和製漢語もある。

表語文字とは？

漢字は、表意文字（意味をあらわす文字）と表音文字（音をあらわす文字）が一体となっているので、「表語文字」ともいいます。いいかえれば、漢字1字は、それに対応する意味と音を同時にあらわす文字です。

漢字のなりたち

現在確認できるもっとも古い漢字は、ものの形からつくられた甲骨文字（→P4）であると考えられています。甲骨文字は長い歴史の中でだんだんと変化し、形が整えられ、漢字となりました。ものの形をまねたもののほかにも右のような方法で漢字がつくられています。

■甲骨文字からの変化

𧾷	♡	甲骨文字（約3500年前）
馬	♡	金文（約3000年前）
馬	心	大篆（約2700年前）
馬	心	小篆（約2200年前）
馬	心	隷書（約2200年前）
馬	心	楷書（約1900年前）

長い歴史の中で、書きやすい文字へと変化してきたんだよ。

象形

「日」「月」「山」「川」「馬」など自然や動物、植物などの形をまねてつくられた漢字。

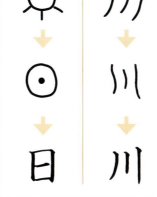

指事

「上」「下」「本」「末」など、形のないものをあらわすためにつくられた漢字。

木の根元に印 → 本
木の上に印 → 末
棒の上に点 → 上
棒の下に点 → 下

会意

象形や指事という方法でつくられた漢字をふたつ以上組みあわせてつくられた漢字。

木＋木　木をふたつ合わせて　林
山＋石　山と石で　岩

形声

音をあらわす漢字と意味をあらわす漢字を組みあわせてつくられた漢字。

艹＋早　植物の意味　ソウの音　草
氵＋羊　水の意味　ヨウの音　洋

5 漢字に「音」と「訓」が定着する

独自の文字をつくらなかった日本人は4世紀ごろ中国の漢字を受けいれました。日本人も、文字によって言葉を記録することを知ったのです。やがて漢字・漢文の読み書きを学ぶうちに漢字に「音」と「訓」が生まれました。

中国語から日本語へ

当時、日本人が漢字・漢文の読み書きを学ぶことは、中国語を学ぶことでした。そのころは、漢字を中国語の発音で読んでいたと考えられます。

しかし、日本語にくらべて中国語の発音は複雑で、そのまま日本語に取りいれることはできませんでした。それでもしだいに日本語の発音になじむようになってきたのです。これが漢字の「音（読み）」です。

一方、漢文を日本語の文章に翻訳することを学ぶうちに漢字の意味と対応する日本語が漢字に結びつき、これが漢字の「訓（読み）」として定着しました。

■唐代（618～907年）の中国と東西の交通

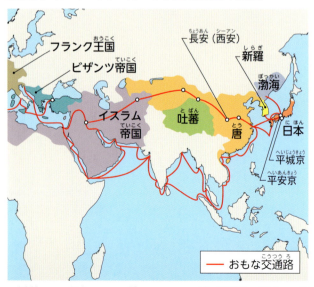

フランク王国
ビザンツ帝国
イスラム帝国
吐蕃
長安（西安）
新羅
渤海
唐
日本
平城京
平安京

―― おもな交通路

↑中国には7世紀はじめに唐がおこった。唐の都長安は人口100万人をこえる国際都市として栄え、日本をはじめ、周辺諸国から使節がおとずれた。

3種類の音（読み）

日本へ伝わってきた漢字の読み方は、「呉音」「漢音」「唐音」などに分類されます。中国では地域によって発音がことなり、時代とともに漢字の音が変化しました。ところが日本では新しく入ってきた音も古い音もつかわれていたので、呉音、漢音、唐音の3種類の読み方ができました。

| 呉音 | 奈良時代までに朝鮮半島経由で伝えられた、中国南方系の音に基づくもの。 |

| 漢音 | 奈良時代から平安初期にかけて伝えられた、長安（現在の西安）など中国中部の音に基づくもの。 |

| 唐音 | 平安中期から江戸時代までに、中国商人や鎌倉時代の禅僧によって伝えられたもの。唐宋音とも。 |

■3種類の音（読み）の例

	呉音	漢音	唐音
行	ギョウジ 行事	コウドウ 行動	アンギャ 行脚

	呉音	漢音	唐音
明	コウミョウ 光明	メイハク 明白	ミンチョウ 明朝

「ハハ」は「パパ」だった？

現在「ハ・ヒ・フ・ヘ・ホ」と発音されている音は、はるか昔にはことなっていたという説を上田萬年という学者が「P音考」という論文で発表しています。

その論文によると、現在の「ハ・ヒ・フ・ヘ・ホ」は、さかのぼると「ファ・フィ・フ・フェ・フォ」と発音されており、さらにさかのぼると「パ・ピ・プ・ペ・ポ」と発音されていたといいます。そうすると、はるか昔では、「ハハ」は「パパ」だったということでしょうか。

「ハ」のかまえ

ここで空気がこすれる

「ハ」「ヘ」「ホ」をいうときの子音 h は、空気がのどの奥でこすれてでる音。

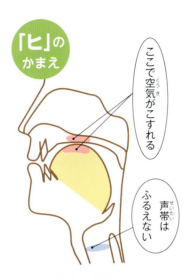

「ヒ」のかまえ

ここで空気がこすれる

声帯はふるえない

「ヒ」の場合の空気がこすれるのは図にしめす場所。

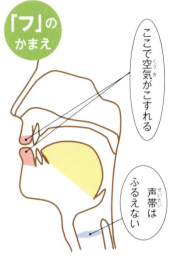

「フ」のかまえ

ここで空気がこすれる

声帯はふるえない

「フ」は、両くちびるで空気がこすれる。

考えてみよう！

室町時代のなぞなぞ

『後奈良院御撰何曾』という室町時代の本の中に「母には二たびあひたれども　父には一度もあはず」というなぞなぞがあり、その答えが「くちびる」と記されています。

これは、現代の日本人には、絶対に答えられないでしょう。なぜなら、母は現代は「ハハ」と発音するため、くちびるがくっつかないからです。ぎゃくに昔の日本人は、「ファファ」と発音していたので、くちびるが2回くっついたと考えられます。「母には二たびあひ」ということができたのです。

（稲葉茂勝著『なぞなぞ学』（今人舎）より）

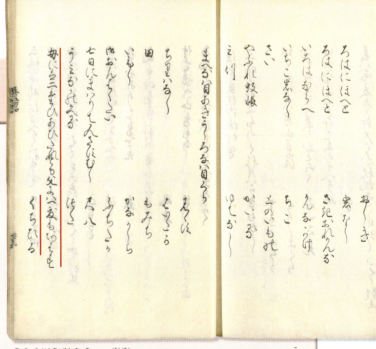

『後奈良院御撰何曾』の原本はのこされていないが、さまざまな古書をまとめた江戸時代の『群書類従』で取りあげられている。

（国立国会図書館所蔵）

6 歴史書や歌集がつくられる

奈良時代には、歴史書である『古事記』や歌集の『万葉集』が
つくられました。これらの書物は、すべて漢文で書かれていますが、
その中にある歌（歌謡・和歌）は、万葉がな（→P20）で書かれています。

このころの日本は？

　710年、新しい都として奈良に平城京が
つくられました。奈良に都が置かれ、平城
京を中心に政治がおこなわれた70年ほどの
あいだを奈良時代といいます。中国の唐文
化を取りいれて大いに栄えました。

　当時の日本語は、大部分が奈良を中心と
した地域の言葉でした。また、今日まで伝
わっている書物は、貴族・高級官吏・僧侶
などと、それらの人びとと接することの
あった下級官吏・写経生といった読み書き
のできる人たち（「識字階級」という）が手
で記録したものです。

↑平城宮の正門である朱雀門（復元）。平城京の北端にあった平城宮には、
天皇の住まいや都を治める官公庁があった。

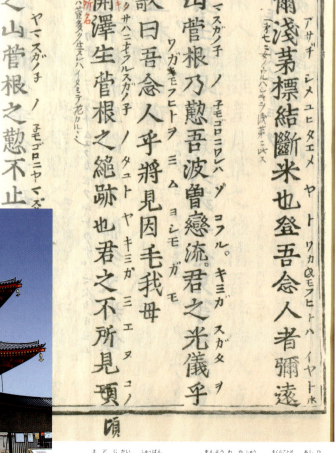

↑江戸時代に出版された『万葉和歌集』。枕詞「足引き
の」がつかわれた歌が万葉がなで書かれている。

（国立国会図書館所蔵）

古事記

『古事記』は、712年に成立した歴史書です。原本は失われましたが、写本が伝わっています。

この本には、神話にはじまり、推古天皇の時代までのできごとが細かく書かれています。また、この本は、歴史書でありながら、文学的な価値も高く評価されています。全体は、変体漢文で書かれていますが、歌謡や固有名詞は漢字をつかって日本語で書かれています。

ワンポイント

変体漢文とは？

変体漢文とは、おもに漢字だけで書かれて漢文のように見えるが、正規の漢文にはない敬語がつかわれていたり、日本語の語順になっている部分があったりする。日本語の文体の一種と見られ、和化漢文ともいう。平安時代の公家の日記や記録に広くつかわれ、鎌倉時代から江戸時代まで、幕府の公用文にもつかわれた。『吾妻鏡』（鎌倉時代に成立した歴史書）に典型的に見られるので、吾妻鏡体ともよばれる。

万葉集

『万葉集』は、8世紀後半に成立した歌集です。これも原本は失われましたが、写本が伝わっています。

これは、身分や階層に関係なく、天皇や貴族から防人の兵士や庶民たちまでの歌4500首が書き記されている、世界でもまれな歌集です。

約7400語がつかわれており、ほとんどが日本固有の語（和語）です。多くは朝廷のあった奈良地方の貴族の言葉で、歌語（和歌に用いられる言葉）ですが、東歌や防人歌では、方言も見られます。また、枕詞がつかわれています。

左は、枕詞「あかねさす」がつかわれた『万葉集』の歌です。

万葉がな

野守者不見哉　君之袖布流
茜草指　武良前野逝　標野行
あかねさす　紫野行き　標野行き
野守は見ずや　君が袖振る
額田王

意味

あかね色を帯びている、あの紫の草の野の御料地を行きながら、野の番人は見ていないかしら、あなたが手を振るのを

ワンポイント

枕詞とは？

枕詞とは、和歌などのなかで特定の語句の前において修飾したり調子を整えたりする語句。枕詞にはどの語句に付くという決まりがあって、自由につかうことはできない。

あかねさす（茜さす）	あしひきの（足引きの）	あらたまの（新玉の）	あをによし（青丹よし）	しろたへの（白妙の）	たらちねの（垂乳根の）	ちはやぶる（千早振る）	ぬばたまの（射干玉の）	ひさかたの（久方の）
①日、昼、紫 ②君（天皇・主君・あなたの意）	山、峰	年、月、日、春	①奈良 ②国内	①衣、袖、紐、袂 ②雪、雲、波、富士、羽	母、親	①神、わが大君、社 ②宇治、氏	①黒、夜、夕 ②月、夢	天、雨、月、雲、光、都

万葉がなの工夫

漢字・漢文の読み書きを学んだ者も、漢文では思うことを自由に
書きあらわすことができないので、日本語で書きたいと思うようになりました。
そこで工夫されたのが、「万葉がな」とよばれる方法です。

万葉がなとは？

漢字には意味がありますが、万葉がなは漢字の意味とは関係なく、漢字の音と訓（→P16）をつかって日本語を書きあらわす方法です。

『古事記』や『日本書紀』の中にも、万葉がなの方法で書かれた歌謡がふくまれていますが、『万葉集』にはとくに多くつかわれているので、「万葉がな」とよばれています。

漢字の「音」をつかうものを「音がな」といい、「訓」をつかうものを「訓がな」といいます。たとえば、助詞の「の」に「乃」や「野」を当てたり、「を」に「乎」「遠」「尾」を当てます。「波流（春）」「奈都（夏）」「安伎（秋）」「布由（冬）」「也末・夜麻（山）」「可波・加波（川）」などと書き、「己許呂（心）」「佐久良（桜）」「八間跡（大和）」「夏樫（懐かし）」など、さまざまな書き方があります。

下の歌は、音がなだけで書いてある例です。

烏梅能波奈
（梅の花）

伊麻佐可利奈理
（今盛りなり）

意母布度知
（思ふどち）

加射之尓斯弖奈
（挿頭にしてな）

伊麻佐可利奈理
（今盛りなり）

伊麻佐可利奈理
（今盛りなり）

（万820）

意味	梅の花が今盛りである
	心の合ったもの同士
	挿頭（髪飾り）にしよう
	梅の花が今盛りである

『日本古典文学大系5　萬葉集二』（岩波書店）より

「戯訓」という面白い書き方

なぞなぞは、平安時代からあそばれていたと考えられます。でも、いまのような子どものあそびではなく、和歌に読みこまれるなどされ、教養のある人たちの言葉あそびだったことがわかっています。

『万葉集』などに見られる用字法のひとつで、漢字の形・音・意味などをうまく利用した言葉あそびのことを「戯訓」といいます。

次の例はなんと読むでしょうか。

■ 『万葉集』に見られる「戯訓」の例

山上復有山 (万1787)

読み 出で

「山の上に山がある」という意味で「出」の漢字を分解した言葉あそび。

山山 ➡ 出

十六

読み しし
四×四＝十六から

朝獦尔　十六履起之

（万926）

八十一

読み くく
九×九＝八十一から

高北之　八十一隣之宮尓

（万3242）

二二

読み し
二×二＝四から

君者聞之二二　勿戀吾妹

（万3318）

三五

読み もち
（→考えてみよう！）

三五月之　益目頬染

（万196）

※（万）の数字は、『万葉集』のすべての歌にあたえられている番号（歌番号）。

考えてみよう！

「望月」とは？

もうこのころには、かけ算の「九九」が知られていました。三×五＝十五ですから、「三五月」は十五夜の月の「望月」ともいわれる月のことです。さて、どんな月でしょうか。

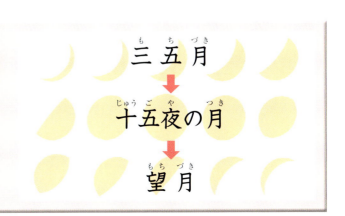

三五月
↓
十五夜の月
↓
望月

8 万葉がなと日本語の音

万葉がなの研究によって、意外なことがわかりました。
『万葉集』がつくられたころ（8世紀）の日本語には、
現代の日本語にはなくなってしまった音があったというのです。

現代の日本語にはない音があった

　『古事記』『日本書紀』『万葉集』に万葉がなで書かれた日本語をくわしく調べたところ、現代の日本語にはない音があったことがわかってきました。これを「上代特殊仮名づかい」といいます。

　たとえば、同じ「こ」でも名詞の「子」をあらわす万葉がなには「古・故・固」などを用い、代名詞の「此」をあらわす万葉がなには「許・虚・挙」などを用いて、整然と書きわけられていました。

　同じことが、キ・ギ・ヒ・ビ・ミ・ケ・ゲ・ヘ・ベ・メ・コ・ゴ・ソ・ゾ・ト・ド・ノ・モ・ヨ・ロの20音（モは『古事記』だけ）にあることがわかっています。

　どうしてこういう区別がなされたのかということについていろいろな説がありますが、母音が関係しているのではないかと考えられています。これらが五十音図（→P29）のい段、え段・お段にあることから、母音イ・エ・オにもうひとつ違う母音のイ・エ・オがあったのではないか（8母音説）という説が出されました。

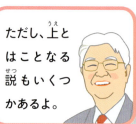

ただし、上とはことなる説もいくつかあるよ。

母音と子音

　言語として発音される音には、「母音」と「子音」があります。口を開けてアーというと母音のア［a］となります。そのまま口の形をかえると、イ［i］・ウ［u］・エ［e］・オ［o］になります。これらが母音です。

　くちびるを閉じて鼻から息を出しながらくちびるをぱっとあけて、アというとマ［ma］になります。そのまま口の形をかえるとミ［mi］・ム［mu］・メ［me］・モ［mo］になります。この［m］の部分を「子音」といいます。日本語の子音には、［k］［s］［t］［n］［h］［m］［y］［r］［w］などがあります。

■日本語の母音を発音するときの舌の位置

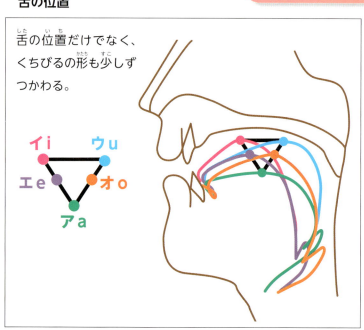

舌の位置だけでなく、くちびるの形も少しずつかわる。

　奈良時代の日本語には母音だけの音（ア・イ・ウ・エ・オ）と、子音に母音がついた音（ア・イ・ウ・エ・オ以外の五十音）の２種類しかありませんでした。なお、現代では跳ねる音「ン」（撥音）、詰まる音「ッ」（促音）や「キャ」（拗音）がありますが、これは平安時代以降に生まれた音です。

　現代の日本語の音をローマ字で書いて見ると、下のようになります。「ア・イ・ウ・エ・オ」は、母音１文字で書きますが、それ以外は、子音＋母音の２文字（「キャ」などは３文字）です。ローマ字で書きあらわしてみると、日本語の音がよりよくわかるのではないでしょうか。

■小学校ローマ字表

※訓令式・（　）内はヘボン式

段			あ	い	う	え	お			
大文字			A	I	U	E	O			
	小文字		a	i	u	e	o			
あ			a	i	u	e	o			
か	K	k	ka	ki	ku	ke	ko	kya	kyu	kyo
さ	S	s	sa	si (shi)	su	se	so	sya (sha)	syu (shu)	syo (sho)
た	T	t	ta	ti (chi)	tu (tsu)	te	to	tya (cha)	tyu (chu)	tyo (cho)
な	N	n	na	ni	nu	ne	no	nya	nyu	nyo
は	H	h	ha	hi	hu (fu)	he	ho	hya	hyu	hyo
ま	M	m	ma	mi	mu	me	mo	mya	myu	myo
や	Y	y	ya		yu		yo			
ら	R	r	ra	ri	ru	re	ro	rya	ryu	ryo
わ	W	w	wa							
ん			n							
が	G	g	ga	gi	gu	ge	go	gya	gyu	gyo
ざ	Z	z	za	zi (ji)	zu	ze	zo	zya (ja)	zyu (ju)	zyo (jo)
だ	D	d	da	zi (ji)	zu	de	do	zya (ja)	zyu (ju)	zyo (jo)
ば	B	b	ba	bi	bu	be	bo	bya	byu	byo
ぱ	P	p	pa	pi	pu	pe	po	pya	pyu	pyo

⑨ かな文字の発明

平安時代になると、ひらがな・カタカナが発明され、日本語を自由に書きあらわせるようになります。そして和歌が盛んにつくられ、華やかな王朝を舞台にした物語や随筆、学問的な著作や辞書がつくられました。

このころの日本は？

平安時代は、都がいまの京都（平安京）に移った（平安遷都）794年から、12世紀末の鎌倉幕府成立までのおよそ400年間です。この時代は一口にいえば、天皇を中心とした貴族社会でした。中国の唐の文化の影響を大きく受けていましたが、やがて日本風の文化が発達しました。

➡ 『古今和歌集』を撰ぶ歌人・紀貫之（870〜945年ころ）。松田武夫著『古今和歌集』（至文堂）より。
（国立国会図書館所蔵）

漢字かな交じり文

平安時代の初期の日本語は、奈良時代の日本語を受けついでいましたが、しだいにその特徴がうすれていきました。

貴族や知識階級の人は、漢字・漢文の知識を身につけていました。その一方で、日本語を書きあらわしやすいように、音だけをあらわすかな文字を発明しました。

ひらがなは、漢字全体をくずし書きにした草仮名から形が整えられて生まれ、貴族の女性が和歌を書くときなどに用いられました（女文字）。文学作品も多くはひらがなで書かれているので、かな文学ともいわれます。

カタカナは漢字の部分からつくられました。学問的な書物で漢文のふりがなや送りがなに、用いられました。

⬆平安京の復元模型。
（京都市歴史資料館所蔵）

濁音専用の文字がなかった

現代は濁音であることをしめすために清音の「か」「さ」などのかな文字の右かたにふたつの点「ゝ」（濁点）を打ち「が」「ざ」などと書きますが、平安時代にはひらがなにもカタカナにも、濁音をあらわすための文字がありませんでした。学問的な書物には濁音であることをしめす記号がありましたが、文学作品や手紙などでは濁音の指示はありません。また、濁音も清音と同じ口の形で発音され、語と語が結びつくと、もとは清音だったのが濁音に発音される（連濁）こともあるので、

現代のように濁音と清音をまったくことなる音だと区別して、意識されてはいなかったのではないかとも考えられます。

いずれにしても、平安時代の人は、文章の中で濁音の指示がなくても文脈にそって理解し、不自由しなかったものと思われます。

かな文字に濁点を打って濁音をしめす方法が普通の文章で用いられるようになったのは、江戸時代以降のことでした。公式の文章では、濁点を打たないで書くことが、明治時代まで続きました。

■ひらがな・カタカナの字源表

安	→	あ	→	あ	→	あ		
以	→	い	→	い	→	い		
宇	→	う	→	う	→	う		
衣	→	え	→	え	→	え		
於	→	お	→	お	→	お		
加	→	か	→	か	→	か		
幾	→	き	→	き	→	き		
久	→	く	→	く	→	く		
計	→	け	→	け	→	け		
己	→	こ	→	こ	→	こ		

阿	→	阿	→	ア	→	ア		
伊	→	伊	→	イ	→	イ		
宇	→	宇	→	ウ	→	ウ		
江	→	江	→	エ	→	エ		
於	→	於	→	オ	→	オ		
加	→	加	→	カ	→	カ		
幾	→	幾	→	キ	→	キ		
久	→	久	→	ク	→	ク		
介	→	介	→	ケ	→	ケ		
己	→	己	→	コ	→	コ		

多くの文学作品や辞書が生まれる

かな文字の発明によって、思うとおりに日本語を書き記すことが
できるようになると、多くの文学作品が誕生しました。
また、漢字や漢語の意味や読み方を説明した辞書もつくられました。

平安時代の文学

　平安時代の初期につくられたとされる『竹取物語』（→P7）にはじまり、紫式部の『源氏物語』（→P27）を頂点とする平安時代の王朝文学が花開いたのも、かな文字の発明によるところが大きいと考えられます。

　『源氏物語』は、世界で最初の長編小説です。ほかにも多数の物語や日記・随筆などが書かれました。また、いくつもの和歌集もつくられました。とくに『古今和歌集』（905年）は天皇の命令でつくられた歌集で、「勅撰和歌集」といいます。

■平安時代のおもな文学作品

9世紀中ごろ	『竹取物語』
9世紀末ごろ	『伊勢物語』
905年	『古今和歌集』
935年	『土佐日記』
10世紀後半	『宇津保物語』
974年ころ	『蜻蛉日記』
10世紀末ころ	『落窪物語』
11世紀初めころ	『枕草子』『源氏物語』
1010年ころ	『紫式部日記』
11世紀中ごろ	『和泉式部日記』『狭衣物語』
	『浜松中納言物語』『更級日記』『大鏡』
12世紀初めころ	『今昔物語集』

平安時代の辞書

　平安時代には、漢字・漢文の読み書きの知識が必要になり、漢字の辞書がつくられました。『篆隷万象名義』『新撰字鏡』『和名類聚抄』『類聚名義抄』などがいまに伝わっています。

ワンポイント
和文と漢文

　和文は、日本語で書かれた文章のこと。とくに、和語をつかっておもにかな文字で書かれた平安時代の文学に見られる優雅な文章をさす。漢文は、中国の古い時代に書かれた漢字の文章のこと。また、これにならって日本人が漢字だけで書いた文章（中国語ではない）もふくめていうこともある。

←平安時代末期の1081〜1100年ごろにつくられたとされる漢字を引くための辞書（字書）『類聚名義抄』。左は12世紀ごろの成立と考えられている増補改編本の複製本。漢字が部首で分類され、読み方がしめされている。
（国立国会図書館所蔵）

『源氏物語』の原文と現代語訳との対比

下は、11世紀初めころに書かれた『源氏物語』の「桐壺」の冒頭と1959（昭和34）年に出版された谷崎潤一郎訳（新訳改訂版）です。くらべてみると、7ページの『竹取物語』と同じように、大部分は現代のわたしたちでも理解できる日本語で書かれていることがわかります。

ただし、平安時代の文学は、貴族階級や、貴族たちと接する人たちの言葉で書かれていて、庶民の言葉はほとんど出てきません。和語が中心で、漢語は少ししかつかわれていません。

↑江戸時代末期に歌川広重によって描かれた源氏絵。

『源氏物語五十四帖　桐壺』（国立国会図書館所蔵）

紫式部『源氏物語』「桐壺」冒頭

いづれの御時にか。女御、更衣あまたさぶらひ給ひけるなかに、いとやんごとなき際にはあらぬがすぐれて時めき給ふありけり。はじめより、我はと思ひあがり給へる御かたがた、めざましきものに貶しめ妬み給ふ。同じ程、それより下﨟の更衣たちは、ましてやすからず。朝夕の宮仕につけても、人の心をうごかし、恨みを負ふ積りにやありけむ、いとあつしくなりゆき、物心細げに里がちなるを、いよいよ飽かずあはれなるものにおぼほして、人の譏りをもえ憚らせ給はず、世の例にもなりぬべき御もてなしなり。

谷崎潤一郎訳

いつの御代のことでしたか、女御や更衣が大勢祗候してをられました中に、格別重い身分ではなくて、誰方よりも時めいてをられる方がありました。最初から自分こそはと思ひ上つてをられたおん方々は、心外なことに思つて、惡口を云つたり、嫉んだりされます。そのお人と同じくらゐの身分、或はそれより低い位置の更衣たちなどは、まして快く思ふ筈はありませぬ。そんなことから、朝夕の宮仕につけても、朋輩方の氣を惡くしたり、人々の恨みを買つたりしたのが積り積つたせゐでせうか、假初に病みついたのが次第に重くなつて行つて、ともすると里へ退つて心細げに暮すやうになりましたが、さうなつて來ると、いよいよ溜まらなくいとしいものに思し召して、人の謗りをもお構ひにならず、後の世の語り草にもなりさうなお扱ひを遊ばされます。

（『潤一郎譯源氏物語　巻一』より）

いろは歌と五十音図

いろはカルタであそんだことがあるでしょうか。「犬も歩けばぼうにあたる」
「論より証拠」「花よりだんご」などと、いろは歌の順に札があります。
また、現代の国語辞典はあいうえお順（五十音順）に言葉が並んでいます。
じつは、いろは歌も五十音図も平安時代につくられたものです。

いろは歌

　47字のかなを全部一度ずつつかい、平安時代中ごろからはやった今様歌の形式でつくられています。作者は不明ですが、おそらく11世紀半ばころまでに、僧侶によってつくられたものではないかと考えられています。現在に伝わる最古のいろは歌は、仏典の注釈書『金光明最勝王経音義』（1079年書写）に見られるものです（右）。多くの人が知るようになったので、中世から近代初期まで辞書などの配列にいろは歌がつかわれるようになりました。

以呂波耳本へ止
千利奴流手和加
餘多連曽津祢那
良牟有為能於久
耶万計不己衣天
阿佐伎喩女美之
恵比毛勢須

いろは歌

いろはにほへと
ちりぬるを
わかよたれそ
つねならむ
うゐのおくやま
けふこえて
あさきゆめみし
ゑひもせす

意味

色は匂へど
散りぬるを
我が世たれぞ
常ならむ
有為の奥山
今日越えて
浅き夢見じ
酔ひもせず

色は美しく照り映えていても（花は）散ってしまうものである。世の中にずっとかわらずに存在し続けるものなどありはしない。人生には華やかなこともつらいこともある。人生という常にかわりゆく迷いの山道を越えて、はかない夢を見ることもないし、空想の世界に酔うこともない。

五十音図
<small>ごじゅうおんず</small>

平安時代の中期ごろから知られていましたが、作者は不明です。サンスクリット（梵語）の悉曇学の影響を受けているという説もあります。五十音の一つひとつが日本語の一音節をあらわすかな文字で、五段十行に整然と配置されています。横の並びを「段」、縦の並びを「行」といいます。

現代の人びとはあ行、や行、わ行の「い」と「ゐ」、「え」と「ゑ」、そしてあ行とわ行の「う」を区別して発音していません。あ行の「お」とわ行の「を」も発音上は区別していないため、実際は44音です。ただし、助詞の「お」は「を」と書くという表記上の区別があります。

➡五十音順に言葉が並んだ小学生向けの国語辞典。
『三省堂例解小学国語辞典 第六版』（三省堂）

■五十音図

行 →										段
ワわ	ラら	ャや	マま	ハは	ナな	タた	サさ	カか	ア**あ**	←段
ヰゐ	リり	ィい	ミみ	ヒひ	ニに	チち	シし	キき	イ**い**	
ウう	ルる	ュゆ	ムむ	フふ	ヌぬ	ッつ	スす	クく	ウ**う**	
ヱゑ	レれ	ェえ	メめ	ヘへ	ネね	テて	セせ	ケけ	エ**え**	
ヲを	ロろ	ョよ	モも	ホほ	ノの	トと	ソそ	コこ	オ**お**	

用語解説

本文中で青字にした語句を50音順に解説しています。

アイヌ語 ⋯⋯⋯⋯⋯⋯⋯⋯⋯⋯ 5、7

古くは東北地方やサハリン・千島列島などにも住んでいたが、現在はおもに北海道に住んでいるアイヌ民族の言語。系統不明で文字を持たない。わずかに高齢者に話せる人がいるが、日常用いられることはほとんどなくなっている。

今様歌 ⋯⋯⋯⋯⋯⋯⋯⋯⋯⋯⋯⋯⋯ 28

平安中期にはじまり鎌倉時代にかけて流行した新しい歌謡。七・五の十二音の句4つでつくられたものが多い。

上田萬年 ⋯⋯⋯⋯⋯⋯⋯⋯⋯⋯⋯⋯ 17

1867～1937年。国語学者、言語学者。東京生まれ。東京帝国大学卒業。東京帝国大学教授。ドイツに留学して学んだ西欧の言語学研究を紹介し、国語学に科学的研究の方法を取りいれた。

悉曇学 ⋯⋯⋯⋯⋯⋯⋯⋯⋯⋯⋯⋯⋯ 29

古代インドの言語である梵語(サンスクリット)を表記するための梵字の研究。平安時代初期に、日本に伝えられた。

象形文字 ⋯⋯⋯⋯⋯⋯⋯⋯⋯⋯⋯⋯⋯ 4

具体的なものの形をかたどったものから、次第に形を整えてつくられた文字。古代エジプトのヒエログリフ、漢字のうち象形によって形成された文字など。

助詞 ⋯⋯⋯⋯⋯⋯⋯⋯⋯⋯ 7、20、29

日本語の文法における品詞のひとつ。語形の変化をせず、名詞などについて、その語とほかの語との関係をしめしたり、その語に一定の意味をそえたりする。そのはたらきや接続の仕方、そえる意味などによって数種類に分類される。

常用漢字 ⋯⋯⋯⋯⋯⋯⋯⋯⋯⋯⋯⋯ 10

日本における一般の社会生活で使用されることの多い漢字を選定した2136字(2010年内閣告示)。

竹取物語 ⋯⋯⋯⋯⋯⋯⋯ 6、7、26、27

かなで書かれた日本でもっとも古い物語。平安初期の成立と考えられている。竹取の翁が竹の中から見つけたかぐや姫の成長と、5人の貴公子や帝の求婚の話、そして姫が月の世界に帰っていくまでを描く。

谷崎潤一郎 ⋯⋯⋯⋯⋯⋯⋯⋯⋯⋯⋯ 27

1886～1965年。小説家。東京生まれ。東京大学中退。耽美主義(美を唯一最高の理想とする芸術上の立場)の作家として文壇にあらわれた。古典的な日本の美意識を深めて数かずの名作を生んだ。

紫式部 ⋯⋯⋯⋯⋯⋯⋯⋯⋯⋯⋯⋯⋯ 26

973～1014年ころ。平安時代中期の女流作家・歌人。学者藤原為時の娘。一条天皇の中宮・彰子(藤原道長の長女、のちに上東門院となる)に女房(宮中に部屋をあたえられている女官)兼家庭教師役として仕えた。

さくいん

■ 著／倉島　節尚（くらしま　ときひさ）

1935年長野県生まれ。1959年東京大学文学部国語国文学科を卒業、三省堂に入社。以後、30年間国語辞典の編集に携わる。『大辞林』（初版）の編集長。1990年から大正大学文学部教授。2008年名誉教授。著書に『辞書と日本語』（光文社）、『辞林探究－言葉そして辞書－』（おうふう）、監修・著書に「辞書・事典のすべてがわかる本」（全4巻、あすなろ書房）ほか多数。

■ 編／こどもくらぶ（稲葉茂勝・長野絵莉）

「こどもくらぶ」は、あそび・教育・福祉の分野で、こどもに関する書籍を企画・編集しているエヌ・アンド・エス企画編集室の愛称。これまでの作品は1000タイトルを超す。

■ 制作・デザイン

株式会社エヌ・アンド・エス企画（長江知子）

■ 編集協力

萩原由美

■ イラスト（p8）

ウノ・カマキリ

この本の情報は、特に明記されているもの以外は、2017年8月現在のものです。

■ 参考文献

沖森卓也編『日本語史』桜楓社、1989年
沖森卓也著『日本語全史（ちくま新書）』筑摩書房、2017年
風間伸次郎監修・著『世界のなかの日本語　④くらべてみよう、言葉と発音』小峰書店、2006年
風間伸次郎監修・著『世界のなかの日本語　⑤くらべてみよう、文のしくみ』小峰書店、2006年
春日和男著『新編国語史概説』有精堂出版、1978年
金田一秀穂監修『日本語の大常識』ポプラ社、2006年
亀井孝ほか編『日本語の歴史』平凡社、1963-65年
亀井孝・河野六郎・千野栄一編『言語学大辞典 世界言語編』三省堂、1988-93年
倉島節尚監修、検定クイズ研究会編『検定クイズ100　漢字（ポケットポプラディア⑬）』ポプラ社、2012年
国語学会編『国語学大辞典』東京堂出版、1980年
国史大辞典編集委員会編『国史大辞典』吉川弘文館、1979-97年
今野真二著『漢字からみた日本語の歴史（ちくまプリマー新書）』筑摩書房、2013年
今野真二著『図説　日本語の歴史』河出書房新社、2015年
佐藤武義・前田富祺ほか編『日本語大事典』朝倉書店、2014年
上代語辞典編集委員会編『時代別国語大辞典 上代編』三省堂、1967年
白藤禮幸著『奈良時代の国語（国語学叢書）』東京堂出版、1987年
谷崎潤一郎著『潤一郎譯源氏物語　巻一』中央公論社、1959年
築島裕著『平安時代の国語（国語学叢書）』東京堂出版、1987年
土井忠生・森田武著『国語史要説　新訂版』修文館、1975年
町田和彦監修、稲葉茂勝著『世界のなかの日本語　①世界に広がる日本の文字と言語』小峰書店、2006年
町田和彦監修、稲葉茂勝著『世界のなかの日本語　②日本の文字の誕生』小峰書店、2006年
松村明著『国語史概説』秀英出版、1972年

見て読んでよくわかる！日本語の歴史　①古代から平安時代　書きのこされた古代の日本語　NDC810

2017年10月20日　　初版第1刷発行

著　者　　倉島節尚
発行者　　山野浩一
発行所　　株式会社筑摩書房　　〒111-8755　東京都台東区蔵前2-5-3
　　　　　　振替　00160-8-4123
印刷所　　凸版印刷株式会社
製本所　　凸版印刷株式会社

©Kodomo Kurabu　2017
Printed in Japan

32p／29cm
ISBN978-4-480-85811-5　C0381